BEI GRIN MACHT SICH IHR WISSEN BEZAHLT

- Wir veröffentlichen Ihre Hausarbeit,
  Bachelor- und Masterarbeit

- Ihr eigenes eBook und Buch -
  weltweit in allen wichtigen Shops

- Verdienen Sie an jedem Verkauf

Jetzt bei www.GRIN.com hochladen und kostenlos publizieren

Bibliografische Information der Deutschen Nationalbibliothek:

Die Deutsche Bibliothek verzeichnet diese Publikation in der Deutschen National-bibliografie; detaillierte bibliografische Daten sind im Internet über http://dnb.d-nb.de/ abrufbar.

Impressum:

Copyright © 2015 GRIN Verlag, Open Publishing GmbH
Druck und Bindung: Books on Demand GmbH, Norderstedt Germany
ISBN: 9783668237933

Dieses Buch bei GRIN:

http://www.grin.com/de/e-book/324063/auswirkungen-sportlicher-bewegung-auf-die-psyche-judo-und-schulsportunterricht

Nathalie Möller

Auswirkungen sportlicher Bewegung auf die Psyche. Judo und Schulsportunterricht

GRIN Verlag

GRIN - Your knowledge has value

Der GRIN Verlag publiziert seit 1998 wissenschaftliche Arbeiten von Studenten, Hochschullehrern und anderen Akademikern als eBook und gedrucktes Buch. Die Verlagswebsite www.grin.com ist die ideale Plattform zur Veröffentlichung von Hausarbeiten, Abschlussarbeiten, wissenschaftlichen Aufsätzen, Dissertationen und Fachbüchern.

Besuchen Sie uns im Internet:

http://www.grin.com/

http://www.facebook.com/grincom

http://www.twitter.com/grin_com

Inhaltsverzeichnis

1. Einleitung

Vermutungen hinsichtlich der Wechselwirkung zwischen Körper und Seele reichen bis in die Antike. So heißt es laut einem alten lateinischen Sprichwort „*Mens sana in corpore sano*", was übersetzt „ein gesunder Geist in einem gesunden Körper" bedeutet. Auch Goethe vermochte den positiven Effekt des Sports auf poetische Weise in Form eines Reimes auszudrücken: „*Was du dir abläufst auf dem Schuh, das fließt dir geistig doppelt zu!*" Inzwischen wird diese Wechselbeziehung zunehmend fachwissenschaftlich untersucht.

Da ich grundsätzlich ein großes Interesse für das Fachgebiet der Psychologie habe, möchte ich mich in dieser Belegarbeit im Rahmen des Sportkurses mit dem Thema Judo intensiver mit den Auswirkungen sportlicher Bewegung auf die Psyche befassen.

Meine Ausarbeitung werde ich dabei voraussichtlich folgendermaßen aufbauen: Zunächst stelle ich die psychischen Effekte, welche dem Sport zugesprochen werden, vor, um mich darauf aufbauend mit den Ursachen dieser beschäftigen zu können. Ich differenziere dabei grob zwischen präventiven und therapeutischen Wirkungen. Um letztendlich auf das eigentliche Thema meines Sportkurses zurückzukommen, stelle ich folglich einen Bezug zum Sportunterricht im Allgemeinen und zum Judo her.

2. Psychische Effekte sportlicher Bewegung an sich

2.1 Beobachtete Auswirkungen

Die Auseinandersetzung mit den Auswirkungen sportlicher Bewegung auf die Psyche setzt zunächst eine zusammenfassende Beschreibung der allgemein beobachteten Effekte voraus. Schon nach einmaliger sportlicher Aktivität lassen sich angenehme Entspannung, Zufriedenheit und eine positivere Stimmung feststellen. Alltagsprobleme scheinen sich zu mäßigen. Des Weiteren konnte ein Rückgang von Zustandsängsten, d.h. von momentanen, zum Zeitpunkt der sportlichen Aktivität bestehenden Angstreaktionen, welche sich auf real existente Gegebenheiten beziehen, festgestellt werden.

Die im Folgenden dargestellten Erfahrungen beziehen sich auf eine sportliche Aktivität über einen Zeitraum von etwa einem Jahr, also längerer Dauer. Eine allgemein veränderte Wahrnehmung des eigenen Körpers und eine damit verbundene Verringerung der Schmerzempfindlichkeit lassen sich beobachten. Das Selbstbewusstsein sowie die Selbstachtung nehmen zu, woraus ein grundsätzlich besseres Wohlbefinden resultiert. Selbstachtung verkörpert dabei die wichtigste Voraussetzung für psychische Stabilität sowie Stressbewältigung und steht im engen Zusammenhang zu allgemeiner Lebenszufriedenheit und sozialer Anpassung. Stimmung wird definiert als Unterordnung der Gefühle, welche nicht bewusst wahrgenommen wird und beispielsweise Gelassenheit, Deprimiertheit und Ärger umfasst. Als Auswirkung sportlicher Betätigung wurde eine Steigerung der positiven sowie ein Rückgang der negativen Stimmung beobachtet. Dies trifft in besonderem Maße bei persönlichen Verbesserungen und dem Erreichen von gesetzten Zielen, also bei Erfolgserlebnissen zu. Bezüglich der Intensität der sportlichen Aktivitäten wurde beobachtet, dass sich die stärksten Effekte bei einer individuell gewählten zeigen. Überdies lässt sich zudem sagen, dass aerobe Aktivitäten größere positive Effekte zeigen als anaerobe.[1]

Sportliche Aktivität kann allerdings nicht nur alltägliche Stresssituationen erträglicher machen und somit psychische Erkrankungen z.B. als Folge von Dauerstress vorbeugen, sondern wirkt zudem auch positiv auf bereits bestehende Erkrankungen wie Angststörungen und Depressionen.[2] So hat Sport als Therapieform ohne negative Nebenwirkungen in letzter Zeit immer mehr an Aufmerksamkeit gewonnen und wird als Alternative zu Psychopharmaka empfohlen. Ferner wird körperliche Aktivität als Strategie für den Umgang mit Stress geraten, denn die auftretenden Körperreaktionen wie Schwitzen und erhöhte Herzfrequenz ähneln sich, sodass eine Art Abhärtung und eine Verbesserung der psychologischen Anpassung herbeigeführt wird.[3]

2.2 Erklärungsansätze

Aus dem vorherigen Teilkapitel lässt sich folgern, dass sportliche Bewegung eine durchaus positive Wirkung auf die Psyche zu haben scheint. Eine eindeutige Erklärung dafür existiert noch nicht. Dennoch werde ich im Folgenden einige Ansätze vorstellen, welche in der Wissenschaft noch diskutiert werden.

2.2.1 Psychologisch

Lässt man die neurobiologischen Ursachen erst einmal unberücksichtigt und beschränkt sich auf psychologische Aspekte, so ist die Ablenkung als Erklärung am naheliegendsten. Durch sportliche Betätigung kommt der Betroffene auf andere Gedanken, wird von den plagenden Sorgen und kreisenden Gedanken abgelenkt und bekommt einen freien Kopf. Auch werden persönliche Blockaden sowie Ermüdungszustände überwunden, was zur Entwicklung eines gesunden Selbstwertgefühls und Selbstvertrauen beiträgt sowie die Stimmung hebt. Der Mensch lernt, dass er sein Leben selbst aktiv durch eigene Kompetenzen beeinflussen und so etwas erreichen kann, also handlungsfähig ist.[4]

Eine andere Theorie zur Begründung der positiven Auswirkung des Sports lässt sich auf die

---

[1]vgl. **Moser:** Die Effekte des Sporttreibens auf die kognitive Leistungsfähigkeit im schulischen Kontext
[2]vgl. **Becker:** Psyche und Sport. Zufrieden mit sich und seinem Körper
[3]vgl. **Lukowski:** Sport und Psyche. Positive psychische Wirkung und wichtiger Therapiebaustein, S.21-24
[4]vgl. **Becker:** Psyche und Sport. Zufrieden mit sich und seinem Körper; **Moschke:** Fitness für die Seele, S.32

menschliche Evolution der „Jäger und Sammler" zurückführen, nach welcher der Mensch auf körperliche Anstrengung angelegt ist. Der Jäger und Sammler verspürte Erfolg und Glücksgefühle, wenn seine Jagd erfolgreich war. Das Treiben von Sport sei demnach unmittelbar an die psychische Gesundheit gekoppelt. Der Mensch erfährt somit Glücksgefühle, wenn sein Körper spürt, dass er sich erfolgreich angestrengt hat.[5] Ebenfalls verdächtigt für den stimmungsaufhellenden Effekt sportlicher Betätigung wird das sogenannte „Runner's High". Dabei handelt es sich um einen euphorischen, rauschähnlichen Zustand, welcher nach einer gewissen Zeit des Laufens eintritt und mit dem Gefühl einhergeht, dass man vollkommen automatisch läuft und die Bewegung keinerlei Anstrengung mehr bedarf. Während der Aktivität wird ein Gefühl von innerer Ruhe und Entspanntheit ausgelöst, welches auch noch bis einige Zeit danach andauert.[6] In der Psychotherapie werden Traumata mit der „EMDR"-Therapie[7] behandelt, d.h., die Patienten werden gezielt mit bestimmten traumatischen Ereignissen konfrontiert, während sie ihre Augen ständig rhythmisch hin- und herbewegen. Als Effekt dieser Therapie wird angestrebt, dass sich das Gehirn neu ordnet und das traumatische Erlebnis somit einbezieht und als vergangen wahrnimmt. Vermutlich funktioniert dieses Phänomen der Stimulation durch rhythmische Bewegung auch bei der wiederholten Schrittfolge beim Laufen. Nach längerer Laufaktivität werden aktuelle belastende Probleme so plötzlich als weniger negativ als zuvor empfunden.[8] Ferner wird der Zustand des „Runner's High" in dem Ratgeber „Fitness für die Seele" sehr zutreffend umschrieben: *„Wir handeln genau in der Mitte zwischen Über- und Unterforderung, erleben ein Gefühl der Zeitlosigkeit, vergessen unsere Alltagssorgen, lösen uns von kreisenden Gedanken, sind hellwach und hochkonzentriert. Wir fühlen uns in Harmonie mit uns und unserer Umgebung."[9]*

2.2.2 Neurobiologisch

Biologisch betrachtet stellt der Konzentrationsanstieg körpereigener Morphine, der ß-Endorphine während sportlicher Aktivität einen denkbaren Erklärungsansatz für die positiven Auswirkungen des Sports auf das Wohlbefinden dar. So wird den Endorphinen eine schmerzlindernde und stimmungssteigernde Wirkung sowie ein positiver Einfluss auf das Immunsystem zugesprochen.[9] Bezüglich der Auslösung von Glücksgefühlen ist diese Theorie

[5]vgl. **Heinhold:** Sport und Psyche. Den Sorgen davonlaufen
[6]vgl. **Moschke:** Fitness für die Seele, S.37
[7]Abk. Deutsch: Augenbewegungs-Desensibilisierung und Wiederaufarbeitung
[8]vgl. **Joung:** Mythos Endorphine. Weshalb uns Sport glücklich macht
[9]**Moschke:** Fitness für die Seele, S.37
[9]vgl. **Moser:** Die Effekte des Sporttreibens auf die kognitive Leistungsfähigkeit im schulischen Kontext;
    Moschke: Fitness für die Seele, S.42

jedoch umstritten und nicht nachweisbar, denn das Glücksgefühl entsteht nicht im Körper, sondern ausschließlich im Gehirn, in welches die Endorphine scheinbar nicht eindringen können. Ihre Wirkung als Schmerzstiller gilt jedoch als bestätigt. Endorphine sorgen demzufolge dafür, dass bei Verletzungen keine oder weniger Schmerzen wahrgenommen werden.[10]

Den neuesten wissenschaftlichen Erkenntnissen zufolge scheint die verstärkte Ausschüttung endogener, d.h. körpereigener Opioide beim Ausdauersport eine große Rolle hinsichtlich der Glücksgefühle zu spielen. Bei den sogenannten Endocannabinoiden handelt es sich um Substanzen, welche den menschlichen Körper ähnlich wie die Droge Cannabis in einen rauschhaften Zustand versetzen.[10] So wirkt der Stoff auf dieselbe Weise als Agonist am CB_1-Rezeptor und nimmt u.a. Einfluss auf das Belohnungssystem, die Schmerzwahrnehmung, emotionales Verhalten sowie die Ausschüttung des Wachstumsfaktors BDNF (Brain Derived Neurotrophic Factor).[11] Bei einigen Erkrankungen wie Depressionen und Demenz besteht ein Mangel an BDNF, welcher durch die vermehrte Ausschüttung bei muskulärer Betätigung ausgeglichen werden könnte. BDNF dient zur Verknüpfung von Nerven sowie zur Neurogenese, der Neubildung von Nervenzellen. Für den angstlösenden Effekt wird vor allem das atriale natriuretische Peptid (ANP), ein Hormon verantwortlich gemacht, welches durch körperliche Aktivität im Herzen freigesetzt wird.[12]

Die biologische Ursache des im vorherigen Teilkapitel 2.2.1 beschriebenen „Runner's High" ist noch unklar. Unter Verdacht steht das Zusammenwirken verschiedener Neurotransmitter, deren Menge bei aerober Belastung, also beim Ausdauersport erhöht wird.[9] Dazu zählen vor allem Serotonin, Dopamin und Noradrenalin. Serotonin ist im Volksmund als Glückshormon bekannt, da es gute Laune fördert, und macht zudem einen entspannteren und tieferen Schlaf möglich. Durch den Botenstoff Noradrenalin wird die psychische Belastbarkeit gesteigert und zudem eine entspannende und konzentrationsfördernde Wirkung erreicht. Dopamin bewirkt ähnlich eine Stabilisierung in Stresssituationen sowie eine gesteigerte Kreativität und Motivation.[13] Endocannabinoide nehmen Einfluss auf die Dopamin-Ausschüttung und sind somit mitverantwortlich für das „Runner's High".[11]

3.   Psychologische Betrachtung des Schulsportunterrichts

Auch Kinder und Jugendliche sind oftmals hohem psychischem Stress ausgesetzt, wodurch sie im besonderen Maße anfällig für psychische Erkrankungen sind. Unterschiedliche

---

[10]vgl. **Joung:** Mythos Endorphine. Weshalb uns Sport glücklich macht
[11]vgl. **Lukowski:** Sport und Psyche. Positive psychische Wirkung und wichtiger Therapiebaustein
[12]vgl. **Becker:** Psyche und Sport. Zufrieden mit sich und seinem Körper
[13]vgl. **Moschke:** Fitness für die Seele, S. 42

Faktoren wie Familienstreitigkeiten, Zukunftsängste sowie Schulstress und der zunehmende Leistungsdruck wirken auf Menschen dieser Altersgruppe ein und gefährden ihre Gesundheit.[14] Insbesondere seit der Schulreform, welche eine Verkürzung der Schulzeit an den Gymnasien von neun auf nur acht Jahre anordnete, nimmt der Stress und damit auch das Risiko für Überforderung zu.[15] Weiter zeigt sich ein deutlicher Anstieg der Gewaltbereitschaft der Schüler.[16] Der Schulmodellversuch von Bös und Obst im Jahr 2000 zeigte, dass täglicher Schulsport das Aggressionspotenzial der Schüler deutlich senken kann. So wurde der Sportunterricht im Modell über vier Jahre von drei auf fünf Stunden pro Woche erhöht. Infolgedessen halbierte sich die Anzahl aggressiver Übergriffe und Schüler sowie Lehrer berichteten von einem insgesamt positiveren und entspannteren Schulklima.[15] In einer umfangreichen Studie zeigte sich ferner, dass sportliche Bewegung eine intensive protektive Funktion hinsichtlich Suizidgedanken und Depressionen aufweist. Einen zusätzlich erhöhten Effekt hat sportliche Aktivität in Gemeinschaft zur Folge, wobei die Steigerung des Selbstwertgefühls sowie verbesserte soziale Integration eine bedeutende Rolle spielen.[17]

Mit der Zunahme des schulischen Leistungsdrucks geht ferner ein höherer Arbeitsaufwand für Gymnasiasten außerhalb der Schulzeit einher, was Auswirkungen auf die Freizeitbeschäftigung der Schüler zeigt. Immer mehr Schüler sind weniger bis gar nicht mehr in Sportvereinen aktiv oder treiben privat Sport, sodass die sportliche Aktivität bei vielen Jugendlichen auf eine Doppelstunde Schulsport pro Woche beschränkt bleibt. Dementsprechend gewinnt der Schulsport heutzutage nochmals besonders an Bedeutung.[15]

Die gekürzte Schulzeit führt vor allem in Nebenfächern zu Stundenkürzungen, sodass auch der betroffene Sportunterricht nicht mehr regelmäßig in allen Schulformen gewährt ist. In der kurzen verfügbaren Unterrichtszeit von 90 Minuten wöchentlich wird in der Regel keine angemessene Intensität erreicht.[15] Die Fitness der Schüler kann unter diesen Bedingungen nicht auf einem ausreichenden Niveau gehalten werden, um positive Effekte herbeizuführen. Um den Schulstress zu bewältigen, kann der Sportunterricht in diesem Umfang somit kaum genügen.

In manchen Fällen kann sich der Schulsportunterricht auch in die gegensätzliche Richtung auswirken und negative psychische Effekte zeigen. Hier sind hingegen nicht die sportliche Bewegung an sich, sondern vielmehr bereits bestehende Ängste sowie gegebenenfalls der Einfluss von Mitschülern verantwortlich.18 Psychische Gewalt kommt im Sportunterricht

---

[14]vgl. **Moschke & Schmidt:** Fitness für die Seele. Mit Bewegung aus dem Stimmungstief, S.23
[15]vgl. **Moser:** Die Effekte des Sporttreibens auf die kognitive Leistungsfähigkeit im schulischen Kontext, S.10-15
[16]vgl. **Söll & Kern:** Alltagsprobleme des Sportunterrichts, S. 27
[17]vgl. **Lukowski:** Sport und Psyche. Positive psychische Wirkung und wichtiger Therapiebaustein, S.3/4
[18]vgl. **Moschke & Schmidt:** Fitness für die Seele. Mit Bewegung aus dem Stimmungstief, S.27/28

oftmals in Form von gezieltem Schikanieren eines bestimmten Mitschülers zur Stärkung der eigenen Machtposition oder auch „nur" durch gelegentliche verletzende Kommentare oder Auslachen zum Vorschein.19 Viele schüchterne und ohnehin schon verunsicherte Schüler werden zu Opfern psychischer Gewalt, was einen schwerwiegenden negativen Einfluss auf das eigene Selbstwertgefühl hat. Auch ohne jegliche objektive äußere Beeinflussung fühlen sich Schüler unter Druck gesetzt, da sie fürchten, gewissen Ansprüchen nicht zu entsprechen und schlechtere Leistungen als andere Schüler zu erbringen. Sie fühlen sich oftmals bei ihren Bewegungen beobachtet und haben Angst vor Misserfolg, Blamage oder auch sich bei unbekannten Bewegungen zu verletzen. Bewegungskorrekturen von Lehrern werden häufig als „Angriff auf ihre Person" empfunden, wobei die Grenzen zwischen objektiver Leistungseinschätzung und persönlicher Wertschätzung nicht erkannt werden.20 Manche Schüler lernen so nie, sportliche Bewegungen ohne Leistungsdruck zu genießen. Negative Erfahrungen im Schulsport können das persönliche Verhältnis zum Sport nachhaltig beeinflussen, sodass Schüler geneigt sind, auch im späteren Leben keinen Sport mehr zu betreiben.[18]

4.   Psychologische Betrachtung des Judo

Die Wechselbeziehung zwischen Körper und Seele ist in Japan schon seit sehr langer Zeit allgemein bekannt und bildet die Basis für die Lehre des Judo. Nach japanischem Verständnis liegt der Schwerpunkt dieser Kampfkunst in der Entwicklung einer Harmonie zwischen Körper und Geist mit dem Ziel der Selbstfindung. Ein wesentlicher Charakterzug des Judo besteht darin, dass nicht *gegen Feinde* gekämpft wird, sondern lediglich *mit Partnern*. Ebenso wird anders als in vielen anderen Sportarten Schwäche keineswegs diskriminiert, denn die Grenze zwischen Gewinnen und Verlieren wird als zu unklar empfunden. Ängste davor zu verlieren oder möglicherweise „schlechter" als das Gegenüber zu sein, welchen vor allem Anfänger oft ausgesetzt sind, werden beim Judo so weitgehend ausgeschlossen.21 Stattdessen werden mit dem Judo zahlreiche Dinge gelehrt, welche Vorteile für das gesamte Leben bieten können. Die Ausübung des Kampfsports optimiert den Gebrauch körperlicher Ressourcen und beeinflusst so die Psyche. Die erlernte Fähigkeit zur Koordination bestimmter Bewegungen fördert die Kontrolle über den eigenen Körper und somit die Selbstbeherrschung. Auch das Wissen, sich im Alltag notfalls selbst verteidigen zu können, steigert das Selbstvertrauen, reduziert Ängste und vermittelt ein Gefühl von Stärke.

[19]vgl. **Söll & Kern:** Alltagsprobleme des Sportunterrichts, S.29
[20]ebd. S.61, 117/118
[21]vgl. **Dorschner & Preuß:** Kampfsport – Stärkung für Körper, Geist und Seele? Religiöse und spirituelle Aspekte verschiedener Kampfsportarten; **unbekannter Autor** (Gießen)

Insbesondere für Kinder und Jugendliche wird die Ausübung des Judo auch in pädagogischer Hinsicht geschätzt. Der Kampfsport wirkt auf positive Weise bei der Persönlichkeitsentwicklung mit, welche als Voraussetzung für eine gesunde Psyche gilt und psychische Erkrankungen vorbeugen kann. So können beispielsweise Eigenschaften wie Durchsetzungsvermögen, Rücksichtnahme und Disziplin gefördert werden.

Ein weiterer psychischer Effekt, welcher der Ausübung von Judo in allen Altersgruppen zugesprochen wird, ist die Verminderung von Aggressionen und Gewaltbereitschaft. Der Drang zum Kämpfen sowie zum Messen und Erfahren körperlicher Stärke ist als völlig normal zu verstehen. Wird diese natürliche Aggressivität unterdrückt, so kann dies zu weiteren, schwerwiegenderen psychischen Schwierigkeiten führen. Judo repräsentiert eine kontrollierte Form des Abreagierens ohne die Gefahr, sich selbst oder andere Personen zu verletzen. Bei der Ausübung des Judo wird der Sportler mit den eigenen Schwächen konfrontiert, sodass er den Umgang mit Niederlagen erlernt und sich seine persönliche Frustrationstoleranz erhöht. Darüber hinaus erfährt man innere Ruhe und Ausgeglichenheit sowie Distanz zur eigenen Psyche.22

5. Fazit

Nach dem Versuch einer Umsetzung meiner in der Einleitung genannten planmäßigen Vorgehensweise zur Ausarbeitung lässt sich sagen, dass der geplante Inhalt für eine Belegarbeit dieser Länge deutlich zu umfangreich war. Dies hatte zur Folge, dass ich sehr viel kürzen musste und auf einige Aspekte nur im Ansatz und nicht in der Tiefe eingehen konnte, wie ich es mir gewünscht hätte. Hinsichtlich der Ergebnisse meiner Arbeit kann man zusammenfassen, dass sich eine deutlich positive Beziehung zwischen sportlicher Aktivität und psychischem Wohlbefinden abzeichnete. So belegen eine ganze Reihe von Studien diesen Zusammenhang, von Sorgen des gewöhnlichen Alltags bis hin zu schweren psychischen Erkrankungen. Der Körper scheint eine erstaunliche Macht über die Psyche zu haben, deren Ausmaß die Forscher gerade erst beginnen zu begreifen und sich allmählich als Schlüssel zu neuartigen Psychotherapien herausstellt.

---

[22] vgl. **Dorschner & Preuß:** Kampfsport – Stärkung für Körper, Geist und Seele? Religiöse und spirituelle Aspekte verschiedener Kampfsportarten; **unbekannter Autor** (Gießen)

6. Quellenverzeichnis

6.1 Internetquellen

Becker, Conny: Psyche und Sport. Zufrieden mit sich und seinem Körper. Berlin, 2011 unter *http://www.pharmazeutische-zeitung.de/index.php?id=39422* (letzter Zugriff: 22.12.2014)

Dorschner, Benjamin W. und Preuß, Heinrich R.: Kampfsport – Stärkung für Körper, Geist und Seele? Religiöse und spirituelle Aspekte verschiedener Kampfsportarten. Jena, 2004 unter *http://www.shotokan-dojo-jena.de/download/Seminarfacharbeit%5B2%5D.pdf* (letzter Zugriff: 23.12.2014)

Heinhold, Florian: Sport und Psyche. Den Sorgen davonlaufen. o.O., 2014 unter *http://www.br.de/fernsehen/bayerisches-fernsehen/sendungen/gesundheit/themenuebersicht/psyche/depression-burnout-sport-bewegung-therapie100.html* (letzter Zugriff: 22.12.2014)

Joung, Frank: Mythos Endorphine. Weshalb uns Sport glücklich macht. o.A. unter *http://www.spiegel.de/gesundheit/ernaehrung/endorphine-serotonin-flow-warum-sport-gluecklich-macht-a-959763.html* (letzter Zugriff: 22.12.2014)

Lukowski, Thomas: Sport und Psyche. Positive psychische Wirkung und wichtiger Therapiebaustein. München, 2013 unter *http://www.dr-lukowski.com/pdf/CME_PsycheSport_Lukowski.pdf* (letzter Zugriff: 29.12.2014)

Moser, Katharina Alexandra: Die Effekte des Sporttreibens auf die kognitive Leistungsfähigkeit im schulischen Kontext. Freiburg, 2010 unter *http://www.freidok.uni-freiburg.de/volltexte/7642/pdf/Dissertation.pdf* (letzter Zugriff: 29.12.2014)

Autor unbekannt: o.T. Gießen, o.J. unter *http://bibd.uni-giessen.de/gdoc/2000/uni/d000065/d000065b.pdf* (letzter Zugriff: 23.12.2014)

6.2 Literaturquellen

Moschke, Grit und Schmidt, Dr. Mathias R.: Fitness für die Seele. Mit Bewegung aus dem Stimmungstief. o.O., 2007

Söll, Wolfgang und Kern, Ute: Alltagsprobleme des Sportunterrichts. Schorndorf, 1999

BEI GRIN MACHT SICH IHR
WISSEN BEZAHLT

- Wir veröffentlichen Ihre Hausarbeit,
  Bachelor- und Masterarbeit

- Ihr eigenes eBook und Buch -
  weltweit in allen wichtigen Shops

- Verdienen Sie an jedem Verkauf

Jetzt bei www.GRIN.com hochladen
und kostenlos publizieren